Thomas Künne • Tom Breitenfeldt

Das Liebesorakel
Jungfrau

Lappan

Inhalt

Thomas Künne wurde 1958 in Geislingen/Steige geboren. Er studierte Germanistik und Bildende Kunst mit Schwerpunkt Pädagogik, war Kunstpreisträger der Stadt Ludwigsburg und arbeitete bei amerikanischen Foto-Unternehmen. Außerdem Studium von Urprinzipien und Archetypen sowie Berater in Psychosomatischer Medizin. *www.schwingung-als-weg.de* oder *www.quelle-der-kraft.de*

Tom Breitenfeldt wurde 1958 in Flensburg geboren. Er studierte Kunst und Musik. Heute arbeitet er als Zeichner, Illustrator und Innenarchitekt. *www.tom-breitenfeldt.de*

ISBN 978-3-8303-4227-4

© 2011 Lappan Verlag GmbH
Würzburger Straße 14, 26121 Oldenburg
Lektorat: Constanze Breckoff
Gestaltung und Satz: Monika Swirski
Gesamtherstellung: LEGO S.p.A., Vicenza
Printed in Italy
www.lappan.de

Der Lappan Verlag ist ein Unternehmen
der Verlagsgruppe Ueberreuter, Wien.

Vorspiel zum Vorspiel

Deprimierende Bücher zu Sternzeichen und deren Merkmalen gibt es genug auf dem Markt. Auch über mögliche Beziehungen untereinander: *„Wer mit wem und wenn ja, warum nicht?"*

Nicht selten verliert ein verunsicherter Leser am Ende sogar die Beziehung zu sich selbst.

Dieses Liebesorakel ist anders. Es ist witzig, frech, frivol und vor allem entwaffnend ehrlich. Da kannst du kichern, dir ein Loch in den Bauch schmunzeln oder auch lauthals grölen.

In der Liebe kann es dir wertvolle Dienste leisten. Es gilt: „Augen auf bei der Partnerwahl!"

Am besten, du lachst nicht *über* dein Date, sondern zusammen *mit* ihm. Humor verbindet, und Lachen ist sowieso die beste Medizin. Was willst du denn auf Dauer mit einem Partner, der zum Lachen in den Keller geht?

Im Zweifelsfall trägst du deinen Arzt zum Apotheker.

Die Baureihe Jungfrau

Was hat sich die Evolution bloß dabei gedacht?

Unerlöste weibliche (wie auch männliche) Jungfrauen haben schon unzählige Partner aus dem gemeinsamen Haushalt geputzt oder in der Bio-Tonne entsorgt, weil sie einfach nicht ins jungfräuliche Ordnungsprinzip passen wollten.

Ihr Biotop ist auch die schimmelige Bürostube, in der lediglich der Amtsschimmel wiehert, wenn es irgendwo erschallt: „Mach mir den Hengst!" Bei allem sind Jungfrauen so gründlich, dass sie materielle wie auch emotionale Fehlbeträge auf drei Stellen hinter dem Komma ausrechnen können. Sie geben vor, dies aus reiner Vorsicht und pflichtbewusster Nächstenliebe zu tun. Gut gemeinter Tipp: Es gibt nur vollkommen überflüssige Rückfragen, wenn wir eine Politesse, einen Amtsschimmel bzw. -stute als

9

„*Unerlöste Jungfrau*" titulieren. Ärgern nützt auch nichts. Die sind so, basta!

Merke: Wie in der Natur, wird in der Jungfrau-Zeit die Spreu vom Weizen und Wichtiges vom Unwichtigen getrennt. Richtigparker werden von Falschparkern getrennt, die dann meist abgeschleppt werden. Das private Abschleppen von menschlichem Frischfleisch gehört dagegen selten ins Repertoire der Jungfrau.

„Vorsicht ist die Mutter der Porzellankiste", nach diesem Motto bewahrt die (erlöste) Jungfrau sich selbst und ihr Umfeld vor einem Scherbenhaufen. Sie ist der Kitt in jeder Gemeinschaft, der alles zusammenhält, sie ist das fehlende Zahnrad, welches die gesellschaftliche Maschine am Laufen hält, bei Arbeit, Sport und Spiel. Als soziales Gleitmittel verhindert sie allerorts Reibungsverluste, Unordnung oder drohendes Chaos. Gäbe es nur Jungfrauen auf dieser Welt, gäbe es weniger Krieg, aber auch weniger Innovation und Fortschritt. Denn Neues und Ungewohntes machen ihr eher Angst. Und damit ist sie ein gefundenes Fressen für alle Versicherungsmakler, die sie auch gegen überschwängliche Lebensfreude, Gefühlsduselei, mutige Lebensplanung und Spontan-Sex versichern.

Fazit: Jungfrauen bewahren das Leben und sorgen sich!

Das Jungfrau-Weibchen
Kurz und bündig

Im Duett: Mit einem Jungfrau-Weibchen kann man keine Luftschlösser bauen, aber ein solides und sauberes irdisches Nest, möglichst nützlich und vor allem preisgünstig. Ihr Fundament besteht aus *Stabilität, Perfektion* und *Vernunft*. Das klingt zunächst nicht prickelnd erotisch und ist es auch nicht. Sex gehört für sie eher in den Bereich der Fortpflanzung als des Vergnügens, in der Erziehung ist sie eine vortreffliche, wenn auch strenge und gewissenhafte Mutter.

Im Grunde verkörpert sie Beziehungsideale, die heutige Generationen nur noch aus Schwarz-Weiß-Filmen oder Erzählungen von Opi und Omi kennen. Wer sich nach der guten alten Zeit sehnt, der ist beim Jungfrau-Weibchen gut aufgehoben. Aber er muss sich bewähren, sonst wird er entsorgt.

Als Solistin: Das Single-Weibchen ist die legendäre „Prinzessin auf der Erbse" und bleibt es oft bis ins hohe Alter. Lieber bleibt sie allein, als sich mit einem Typen einzulassen, der nicht ihren Maßstäben von sauber, adrett, appetitlich und ordentlich entspricht.

Ach ja, bescheiden und selbstbeherrscht muss er auch noch sein, so wie sie. Allerdings wird diese Baureihe Mann heute kaum produziert, vereinzelt gibt es als Oldtimer noch reife bis überreife Exemplare. Einige davon sind an manchen Stellen schon etwas matschig.

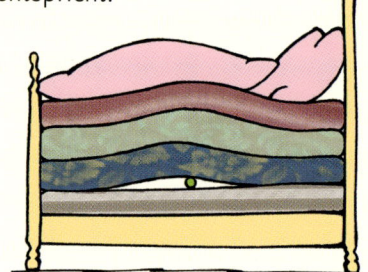

Alltagstauglichkeit

Ein Mann, der mit seiner Partnerin unbedingt sein erspartes Geld verprassen will, ist beim Jungfrau-Weibchen vollkommen fehl am Platze. Im Gegenteil: Es wird *mehr,* so sparsam ist sie, so geschickt in der Kapitalvermehrung. Statt jeden Tag Champagner bis zum Abwinken gibt es Mate- oder Kräutertee und selbst gebackene Kekse, meist recht staubig. Statt Party in allen Räumen herrschen Ordnung und Verzicht, Hege und Pflege von Spar-Vögeln statt Pleitegeiern.

Das Jungfrau-Weibchen ist kein emotionaler Überflieger, der schnell hoch aufsteigt und ebenso schnell tief abstürzt. Sie bevorzugt eine konstante Flughöhe durchs Leben, damit sie jederzeit sanft landen kann. Oder sie fliegt erst gar nicht, weil das viel zu gefährlich ist. Dafür kann sie gut kochen.

Vorteile

Welches Männchen träumt denn nicht davon, einmal im Leben einen flotten Flitzer zu besitzen? Dabei stellt sich diese Eskapade oft genug als zu kostspielig und pflegebedürftig heraus, oder es droht der Kolbenfresser. Nun beginnt der Rückzug zum Soliden und Beständigen: Reumütig führt der Weg (zurück) in die Lebensgemeinschaft oder WG mit dem Jungfrau-Weibchen. Da weiß Mann, was Mann hat.

Nachteile

Das Jungfrau-Weibchen versucht auch Unbeschreibliches zu beschreiben und zu analysieren, nämlich die Welt der Gefühle. Das macht eine Partnerschaft anstrengend und häufig frustrierend. Auch für die Jungfrau selbst, die sich lieber in ihren Kopf zurückzieht, als ihrem Bauchgefühl freien Lauf zu lassen. Das nervt ...

Das Jungfrau-Männchen
Kurz und bündig

Im Duett: Das Jungfrau-Männchen durchdenkt schon im Vorfeld gründlich Chancen und Risiken einer möglichen Partnerschaft. Sein praktischer und analytischer Verstand berücksichtigt dabei vor allem die Fallstricke, auch die finanziellen.

Es gilt: „Gebranntes Kind scheut das Feuer", und denselben Fehler macht er nie zweimal im Leben.

In der Beziehung selbst zeigt er Pflicht- und Verantwortungsgefühl, im Liebesleben geht er methodisch vor, am liebsten verwendet er Gebrauchsanweisungen, die ihm die einzelnen „Arbeitsschritte" klar und verständlich auflisten. Bücher über Liebestechniken sind bei Jungfrau-Geborenen der Renner, sie möchten einfach nicht unvorbereitet überrumpelt werden, auch nicht im Bett: Spontaneität bitte nur mit Voranmeldung, in Härtefällen sogar schriftlich.

Als Solist: Das Jungfrau-Männchen ist in seinem Leben so sehr mit Perfektionismus beschäftigt, dass für Romantik und Gefühle weder Zeit noch allzu viel Lust besteht. Er denkt nicht einmal daran, die

Mandoline auszupacken und schmachtende Liebeslieder unter dem Balkon der Liebsten zu trällern. Selbst wenn sie das Auswahlverfahren zur Beziehungstauglichkeit *summa cum laude* absolviert hat.

Kein Wunder also: Rein statistisch gesehen sind die meisten Jungge-
sellen Jungfrau-Männchen.

Alltagstauglichkeit

Unsere eher rationale westliche Welt begünstigt eine artgerechte
Haltung für das Jungfrau-Männchen. Hier kann es durchaus Karriere machen, auch wenn es nicht direkt in der ersten Reihe steht. In

jeder Hierarchie sieht er sich lieber im zweiten Glied, im Beruf wie in der Familie. Da stellt sich die männliche Jungfrau gescheit, zuverlässig und fleißig an.

Vorteile

Werte wie Pflichtbewusstsein, gesunder Menschenverstand, Sparsamkeit und Treue klingen für manche Zeitgenossen wie ein verhallendes Echo aus der Vergangenheit. Nicht so für das Jungfrau-Männchen, es ist auch noch da, wenn selbst ernannte Überflieger abgestürzt, insolvent, inkontinent oder impotent sind bzw. in U-Haft sitzen.

Nachteile

An dem Tag, als in der Schöpfungsgeschichte Emotionen und Gefühle verteilt wurden, haben die Jungfrau-Geborenen wohl frei gehabt. Auf der Tonleiter der Leidenschaft spielt er nicht von A bis Z, sondern maximal von A bis D. Wir wissen: Auch mit diesen wenigen Noten wird Musik gemacht, wenn auch kaum schwulstige Schmachtfetzen und Liebeslieder.

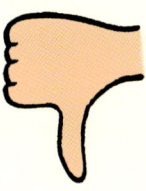

Vermehrungsuhr
für Jungfrauen

Fortpflanzung ist für Jungfrau-Geborene reine Kopfsache mit klaren Ansagen für die restlichen Körperteile, was geöffnet wird oder verschlossen bleibt, was fließen darf oder besser nicht.

Gäbe es nur Jungfrauen auf dieser Welt, müsste die Evolution eingreifen und irgendwie deren Verstand so vernebeln, dass auch ungeplante Kopfgeburten nach neun Monaten beidseitig Hand und Fuß bekommen.

Tut sich die Jungfrau schon schwerer als andere Sternzeichen mit der Gründung einer Beziehung, so wird dies mit der Nachwuchsplanung nicht einfacher. Manche planen so lange, bis die biologische (Eier-) Uhr abgelaufen ist. In solchen Fällen bleibt eigentlich immer noch die Adoption, aber Rentner haben auch hier keine Chance.

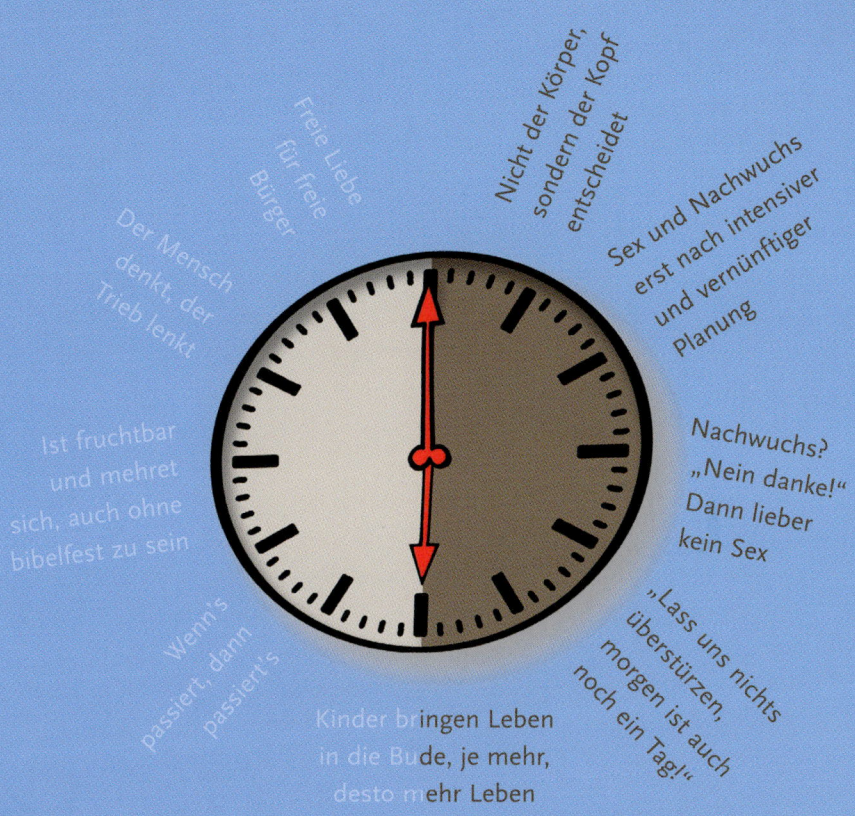

Nicht der Körper, sondern der Kopf entscheidet

Sex und Nachwuchs erst nach intensiver und vernünftiger Planung

Freie Liebe für freie Bürger

Der Mensch denkt, der Trieb lenkt

Nachwuchs? „Nein danke!" Dann lieber kein Sex

Ist fruchtbar und mehret sich, auch ohne bibelfest zu sein

„Lass uns nichts überstürzen, morgen ist auch noch ein Tag!"

Wenn's passiert, dann passiert's

Kinder bringen Leben in die Bude, je mehr, desto mehr Leben

Die Vermehrungsuhr hat ganz bewusst keine Zahlen, sondern sie gibt an, was der Jungfrau bei der Fortpflanzung wichtig ist und wie sie darüber denkt.

Konfliktkompass
für Jungfrauen

Wie alle Erdzeichen gehen Jungfrauen Konflikten lieber aus dem Weg, was ihr manche Zeitgenossen als Duckmäusertum oder Feigheit ankreiden. Auch fallen Begriffe wie „Radfahrermentalität", also nach oben buckeln und nach unten treten. Und weil sich Jungfrauen zudem lieber nach innen ärgern, kann ihnen auch fast jeder prima die Schuld in die Schuhe schieben oder sie für etwas verantwortlich machen, was sie überhaupt nicht angestellt haben.

In der Folge werden sie noch misstrauischer und legen jedes Wort zuvor auf die Goldwaage, bevor sie es äußern.

Aus übertriebener Vorsicht und Angst bauen viele Jungfrau-Geborene auch ohne kirchlichen Segen klösterliche Mauern inklusive Schweigegelübde auf, in welchen sich weder die Jungfrau selbst noch ihr Umfeld so richtig wohlfühlen. Aber sie haben ihre Ruhe, das meinen sie zumindest.

Ist unberechenbar
wie eine tickende
und zickende
Zeitbombe

Zieht bei
Konflikten den
Schwanz ein

Kämpft
verbissen für
ihre Ziele

Versteckt sich
lieber und kämpft
im emotionalen
Untergrund

Weiß, was sie will
und erst recht,
was sie nicht will

Frisst Frust und
Aggressionen lieber
in sich hinein, bis
sie aussieht wie das
Michelin-Männchen

Ist offen, direkt
und berechenbar

Ist ängstlich und
geht Konflikten lie-
ber aus dem Weg

Kämpft wie
eine Löwin
für ihre Ziele

Diskutiert lieber
ständig herum, statt
zu handeln oder
etwas zu ändern

Die rote Spitze der Kompassnadel zeigt an, wie die Jungfrau Konflikte angeht oder
ihnen aus dem Weg geht. Die Angabe ist eine Grundtendenz – natürlich kann sie
sich auch leicht hin- und herbewegen, je nachdem, welcher Weg eingeschlagen wird.

Seitensprungkalkulator
für Jungfrauen

Die meisten Jungfrau-Geborenen segeln bereits durch ihre partnerschaftlichen oder gar ehelichen Pflichten hart an ihrem sexuellen Limit.

Seitensprünge aus purer Lebensfreude oder Lust sind selten bzw. fast gänzlich auszuschließen. Dann schon eher aus Frust oder weil es förderlich ist für die eigene Karriere. Was dem Partner als Erklärungsversuch nicht wirklich weiterhilft, denn es tut genauso weh: Einem Seitensprung sieht man nicht an, mit welchem Körperteil er geplant wurde.

Juristisch könnte man den jungfräulichen Seitensprung eher als vorsätzlich bezeichnen mit dem Motiv Habgier oder Sparsamkeit, damit der Partner nicht so schnell abgenutzt wird und er somit länger durchhält. Denn die Jungfrau hat keinen Nerv dazu, schon wieder nach einem neuen Lover zu suchen. Zumindest nicht in diesem Leben.

Damit kannst du „rechnen":

- ● Seitensprung? Nein, niemals. Ich weiß gar nicht, wie das geht.
- ● Nur, wenn das Halsband in der Partnerschaft auf Dauer zu eng wird.
- ● „Vidi – veni – verdufti" – „ich sah, kam und war ruckizucki wieder weg".
- ● Das Betthupferl-Syndrom: Beglückt werden alle, die bei „drei" nicht auf den Bäumen sind.

Die Anzahl der Kugeln entspricht wie beim Lotto einer möglichen Trefferquote: *Wenig Kugeln, gut für deine Beziehung. Viele Kugeln: Die Lotterie ist eröffnet!*

Kuschelbarometer
für Jungfrauen

Zu gemütlich sollte es für die Jungfrau nicht werden, auch nicht zu kuschelig. Da passt sie schon auf, dass sie auch in den Momenten der emotionalen Verschmelzung nicht die Kontrolle verliert. Oder die Frisur zerstört wird, wo doch der Friseur so teuer war. Ein gutes Buch oder eine interessante Talkshow im Fernsehen schafft doch auch eine kuschelige Atmosphäre, es muss doch nicht immer mit Anfassen und Gefühlsduselei sein.

Das heißt nun nicht, dass Jungfrau-Geborene unfähig sind zum Kuscheln. Sie haben lediglich andere Prioritäten, und das sollte der Partner wissen, will er dies nicht als Ablehnung oder gar persönliche Zurückweisung missverstehen.

Jungfrau-Geborene sind eben Spar-Brötchen, auch beim Kuscheln. Solange diese schön knusprig sind und im Bett nicht krümeln, auch nicht schlecht, oder?

VERÄNDERLICH

Körperkontakt ausschließlich zum Austausch von Körperflüssigkeiten

FEUCHT BIS NASS

Schweigt lieber über ihre wahren Gefühle und Liebe, anstatt diese selbst zu praktizieren, live und in Farbe

HARMONISCH BIS KUSCHELIG

Du hast gewonnen: Dein Partner mutiert allmählich zum Kuschler des Monats und hat tierisch Spaß dabei

STÜRMISCH BIS VEHEMENT

Kuscheln „Nein danke!" Wenn ich ein Lebewesen streicheln will, gehe ich in den Kuschelzoo

AUSDAUERND BIS GENÜGSAM

Streicheln und Kuscheln bis zum Abwinken oder bis der Arzt kommt

Das Kuschelbarometer zeigt die überwiegende Kuschelstimmung der Jungfrau an. Schwankungen gibt es wie bei jedem Barometer ...

Libidobeschleuniger

für

Jungfrau-Weibchen	Jungfrau-Männchen
Hygiene	Hyänen
Omeletts	Korsetts
Kontrollspielchen	Keuschheitsgürtel
Dominos	Dominas
Landschaftsgärtner	Blumenmädchen
frische Bettwäsche	Kondome mit Sicherheitssiegel
Tantra-Techniken	Gebrauchsanweisung für Tantra
Rollenspiele	Bankauszüge
Unterwäsche aus Ökofasern	Unterbodenwäsche
biologische Dildos	üppig gefülltes Dirndl
porentiefe Reinheit	rein bis in die Poren

Brunftrituale & Paarungs -
verhalten
Was sich liebt, das
deckt sich

Brunft und Paarung gehören für
Jungfrau-Geborene in den Bereich der
sexuellen Dienstleistung. Dabei
können sie durchaus experi-
mentierfreudig sein, wenn es
der Partner wünscht.
Augenzeugen berichten, dass
sie diverse Tantratechniken mit
Jungfrau-Geborenen praktiziert
haben, allerdings strikt nach
Gebrauchsanleitung und
Farbtafeln der einzelnen

27

Verrenkungsschritte. Manche wurden erst Stunden später von der Feuerwehr befreit.

Sie selbst würden wahrscheinlich nie auf solche Ideen kommen, wo sich doch die Missionarsstellung seit Jahrtausenden bewährt hat.

Örtlichkeit

So richtig nett ist's nur im Bett. Jungfrau-Geborene mögen es am liebsten im stillen Kämmerchen, auch Schlafzimmer genannt. Eskapaden an unbekannten, fremden Orten sind ihnen fremd, da könnte ja jemand zuschauen. Dann lieber zu Hause, im Dunkeln oder unter der Bettdecke.

Vorspiel

Jungfrau-Geborene sind neugierig und inspizieren gerne. So verwundert es auch nicht weiter, wenn das Vorspiel den Charme einer großen Inspektion in der Reparaturwerkstatt des Vertrauens hat. Da wird an einzelnen Teilen zur Kontrolle herumgeschraubt, die Funktionsfähigkeit überprüft und gegebenenfalls neu justiert. Auch wird gecheckt, wo Flüssigkeit fehlt.

Liebesreigen

Jungfrau-Sex ist solides Handwerk, das ja bekanntlich goldenen (Becken-)Boden hat. In diesem Dienstleistungsbereich gehört das Warten, bis einer kommt, einfach dazu. Was punktet, nennt sich Ausdauer, Gelassenheit und langer Atem.

Höhepunkt

Das ist wie Bergsteigen: die einzelnen Schritte absichern, nie die Kontrolle verlieren, nicht nach unten schauen, höchstens ins fruchtbare Tal, und irgendwann ist der Gipfel erreicht.

Was hört man von einer Jungfrau im Augenblick des Höhepunktes?

Im Finanzamt: *„Das sollten wir jetzt als ‚außergewöhnliche Belastung' geltend machen".*
In der Jungfrau-WG: *„Nach dem Höhepunkt reinigst du aber das Kondom mit der Bio-Seife und hängst es zum Trocknen auf die Jute-Leine."*
Überall und allerorts: *„Mach mir bloß keine Flecken in die frisch bezogenen Laken!"*

Gleiches und Gleiches gesellt sich gerne
Erdige Paarungen

Stier, Jungfrau und **Steinbock** sind sogenannte (passiv-weibliche) Erdzeichen. *Stier–Stier, Stier–Jungfrau* und *Stier–Steinbock* sind somit Paarungen, in denen **Erde auf Erde** trifft. Beobachten wir dieses Phänomen in freier Wildbahn, so können wir feststellen:

- *Erde ist ein guter Nährboden für Wachstum nach oben, Bodenständigkeit und Verwurzelung nach unten.*

- *„Viel Erde gab's und wenig Brot" (frei nach L. Uhland): Von fruchtbarem Mutterboden allein ist noch keiner satt geworden.*

- *Wer den Boden unter seinen Füßen verliert, kann noch lange nicht fliegen.*

- *Die Erdanziehung sorgt seit Urzeiten für einen soliden Boden an Tatsachen.*

Jungfrau & Stier

Idealerweise treffen in dieser Paarung *Herz* und *Körper* (Stier) auf *Verstand* (Jungfrau), *Sinnlichkeit* und *Genuss* (Stier) auf *Moral* und *Tugend* (Jungfrau). Das ist doch eigentlich die Verbindung, die Eltern ihren Sprösslingen für deren Ehe empfehlen, auch wenn sie dies selbst niemals geschafft haben. Jedenfalls ist es eine sichere Wahl, die in unsicheren Zeiten bei gegenseitigem Respekt kultiviertes Wachstum und geordnete Verhältnisse ermöglicht.

Chancen und Risiken: Übertriebene Prüderie der Jungfrau kann durch die sinnliche Körperlichkeit des Stieres geheilt werden, ganz ohne Arzt, Apotheker oder Selbsthilfegruppe. Auch das ist eine solide Basis für eine fruchtbare Verwurzelung dieser Paarung, die manchen Sturm überstehen kann, ohne umzufallen.

Chancen

| 1 | 2 | 3 | 4 | 5 | 6 | 7 | 8 | 9 | 10 |

Risiken

| 1 | 2 | 3 | 4 | 5 | 6 | 7 | 8 | 9 | 10 |

Jungfrau & Jungfrau

Die beiden verbindet zunächst eine sexuelle Zurückhaltung, die von pedantisch bis puritanisch reichen kann. Oder das Liebesspiel gleicht einer Sitzung beim Psychotherapeuten, bei der sich beide gegenseitig zum Sex überreden müssen. Ist diese Phase des oralen Marketings ordentlich verlaufen, steht einer sinnlichen Paarung und dauerhaften Beziehung nichts mehr im Wege.

Chancen und Risiken: Gelingt beiden der Spagat: „Raus aus dem Kopf, hinein ins Gefühl", so gesellt sich neben die spröde Analyse auch der sinnliche Genuss. Die gegenseitige Lust erweitert sich vom Reiten von Paragraphen auf den Partnergalopp. Gefahren für diese Paarung liegen in Langeweile, Hang zum Nörgeln und emotionaler Sparsamkeit.

Chancen

▽

1	2	3	4	5	6	7	8	9	10

Risiken

▽

1	2	3	4	5	6	7	8	9	10

Jungfrau & Steinbock

Das Glas des Lebens ist entweder halb voll oder halb leer, je nach Betrachtungsweise. Da die Jungfrau und erst recht der Steinbock eher konservativ sind, bestimmt häufig Pessimismus statt überschäumender Lebensfreude den Tagesablauf. Gemeinsam erlebte Romantik und liebevoller Umgang könnten den Alltag aufhellen und ihr Licht auf eine gute und langwierige Beziehung erstrahlen lassen. **Chancen und Risiken:** Wenn beide ihren Hang zu Trägheit, Starr- und Sturheit überwinden, bietet diese Paarung sichere Strukturen für eine ernsthafte Beziehung. Tipp: Niemals das Lachen vergessen oder sich zumindest einmal täglich gegenseitig kitzeln.

Chancen

| 1 | 2 | 3 | 4 | 5 | 6 | 7 | 8 | 9 | 10 |

Risiken

| 1 | 2 | 3 | 4 | 5 | 6 | 7 | 8 | 9 | 10 |

Gleiches und Gleiches gesellt sich gerne
Wässrige Paarungen

Die Sternzeichen **Krebs, Skorpion** und **Fische** sind wie die Jungfrau selbst weiblich-passiv. Sie verkörpern das Element Wasser, welches seinerseits symbolisch für *Gefühl, Intuition* oder auch unser *Seelenleben* steht. Ein Blick in die Natur zeigt auch hier erste Hinweise im Verständnis der **Erde-Wasser-Paarungen:**

- *Regen (= Wasser) ermöglicht erst Wachstum aus Mutter Erde, sonst herrschen Hungersnot und Dürre.*

- *„Steter Tropfen höhlt den Stein" – irgendwann einmal bohrt sich das kleinste Rinnsal seinen eigenen Weg.*

- *Zu viel Erde im Wasser verstopft den natürlichen Fluss.*

- *Die Erde braucht das Wasser, aber das Wasser nicht zwingend die Erde.*

Jungfrau & Krebs

Hier stößt Vernunft (Jungfrau) auf (oder mit) Gefühl (Krebs). In einer Person lässt sich dies manchmal schwieriger verbinden als in einer Partnerschaft, in welcher beide klar erkennen, was ihnen fehlt. Eine Prise Toleranz, eine Prise Offenheit und Respekt, noch ein kräftiger Liebespfeil von Amor: Fertig ist eine solide und ausbaufähige Paarung mit Kopf (Jungfrau) und Bauch (Krebs).

Chancen und Risiken: Hier überwiegen klar die Chancen, wenn beide ihre eigenen Defizite erkennen und dem Partner die Gelegenheit geben, diese aufzufüllen oder mögliche Wunden zu lecken. Das verschafft Linderung und baut eine heile Welt auf.

Chancen

| 1 | 2 | 3 | 4 | 5 | 6 | 7 | 8 | 9 | 10 |

Risiken

| 1 | 2 | 3 | 4 | 5 | 6 | 7 | 8 | 9 | 10 |

Jungfrau & Skorpion

Während die eher konservative Jungfrau das Festhalten und Bewahren bevorzugt, findet man im Lebensbuch des Skorpions die Wandlung und Veränderung.

Passt im ersten Moment nicht optimal, aber nur im ersten. Denn auch Tag und Nacht, Ebbe und Flut oder Licht und Schatten gehören zusammen wie Pech und Schwefel.

Chancen und Risiken: Die Chancen für diese Paarung stehen fifty-fifty. Erst wenn beide erkennen, dass es nicht um ein trennendes Entweder-oder, sondern um ein verbindendes Sowohl-als-auch geht, herrschen Friede, Freude und Eierkuchen.

Chancen

1	2	3	4	5	6	7	8	9	10

Risiken

1	2	3	4	5	6	7	8	9	10

Jungfrau & Fische

Jungfrau und Fisch führen sich gerne in Versuchung und verlieben sich meist Hals über Kopf ineinander. Beide wollen entweder die Welt bewahren (Jungfrau) oder sie traumhaft gestalten (Fisch). Gelingt dies, dann sind beide zwar *auf* dieser Welt, aber Sex und Zusammengehörigkeitsgefühl sind *über*irdisch.

Chancen und Risiken: Für beide Seiten eine lohnenswerte Paarung, die Sinn und Sinnlichkeit zusammenführen kann. Wenn sich die Jungfrau in dieser Konstellation jedoch zu langweilig und konservativ verhält, dann ist der Fisch weg, lautlos bei Nacht und Nebel weggeschwommen. Das muss er tun, will er selbst nicht absaufen.

Chancen

1	2	3	4	5	6	7	8	9	10

Risiken

1	2	3	4	5	6	7	8	9	10

Gegensätze ziehen sich an und aus

Feurige Paarungen

Waren *Erde–Erde-* und *Erde–Wasser-*Paarungen allesamt passiv-weibliche Verbindungen, so bildet *Erde–Feuer* eine *weiblich* (Erde)-*männliche* (Feuer) Beziehung. Gemeint sind hierbei zunächst die Elemente, nicht die Menschen, denn eine *Jungfrau* kann Männlein oder Weiblein sein, zumindest als Sternzeichen. Ein Blick in die freie Wildbahn zeigt, wie gut oder schlecht sich die Elemente **Erde und Feuer** miteinander vertragen:

- *Zügellos ungebremstes Feuer hinterlässt verbrannte Erde.*

- *Glitschige Erde lässt Feuer ausrutschen und ausgehen.*

- *Jedes Feuer ist irgendwann erloschen, aber Erde bleibt Erde.*

- *Ohne Erde und Feuer gäbe es weder Brot noch Liebe am offenen Kamin.*

Jungfrau & Widder

In dieser Beziehung sollte ein Wort großgeschrieben werden, nämlich *Toleranz*. Und zwar nicht nur, weil *Toleranz* ein Hauptwort (= Substantiv) ist. Hier trifft feurige Impulsivität (Widder) auf zurückhaltende Vorsicht (Jungfrau). Aber die ist ja bekanntlich die Mutter der Porzellankiste. Und sie verhindert auch, dass die Beziehung in tausend Scherben zerfällt.

Chancen und Risiken: Eine bürgernahe Version des Hollywood-Klassikers *Pretty Woman* könnte in jedem Finanzamt spielen, in der sich eine pedantische Sachbearbeiterin (Jungfrau) in einen athletischen Boxer (Widder) verliebt, der seine Frau als „außergewöhnliche Belastung" absetzen will. Wer das glaubt, wird selig.

Chancen

| 1 | 2 | 3 | 4 | 5 | 6 | 7 | 8 | 9 | 10 |

Risiken

| 1 | 2 | 3 | 4 | 5 | 6 | 7 | 8 | 9 | 10 |

Jungfrau & Löwe

Diese Paarung verbindet *Vorsicht* (Jungfrau) mit *Draufgängertum* (Löwe), Beta- mit Alpha-Status.

Solange sich beide ihrer Rolle bewusst sind und sie zudem gerne (er-)leben, ist alles paletti.

Dem Löwen kann die Bodenhaftung durch die Jungfrau wirklich nicht schaden. Diese wiederum bekommt durch den Löwen Tinte auf den Füller, um Erotisches ins Tagebuch dieser Beziehung zu kritzeln.

Chancen und Risiken: Eifersucht und Kontrolle der Jungfrau können zum Fallstrick dieser Paarung werden, vor allem, wenn ihr der Löwe zu sonnig erscheint. Dann wird sie misstrauisch. Oder sie führt brav die Befehle des Löwen aus und frisst den Frust in sich hinein, bis sie implodiert oder platzt.

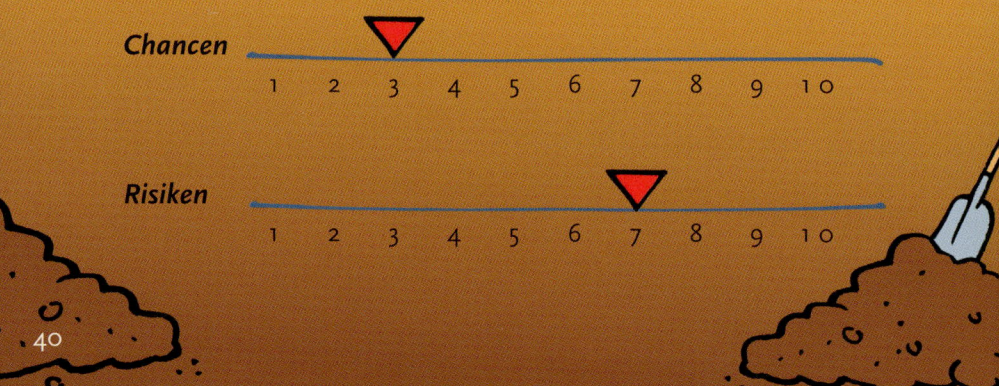

Chancen

| 1 | 2 | 3 | 4 | 5 | 6 | 7 | 8 | 9 | 10 |

Risiken

| 1 | 2 | 3 | 4 | 5 | 6 | 7 | 8 | 9 | 10 |

Jungfrau & Schütze

Der Schütze liebt das gute und üppige Leben, der Jungfrau ist dies meist zu opulent, teuer und überflüssig. Dieser Gegensatz erweitert zwar den Horizont dieser Paarung, aber auch die Löcher im Beziehungsetat in materieller wie auch emotionaler Hinsicht. Diese Paarung ist nur von Dauer, wenn beide den anderen wirklich lieben und in seiner Eigenart respektieren.

Chancen und Risiken: Da beide sehr unterschiedlich an das Leben und die Liebe herangehen, ist Beziehungsstress vorprogrammiert. Es klappt nur durch befriedigende Kompromisse: Dabei reicht es nicht aus, wenn sich diese auf den gemeinsamen Orgasmus beschränken.

Chancen

1 2 3 4 5 6 7 8 9 10

Risiken

1 2 3 4 5 6 7 8 9 10

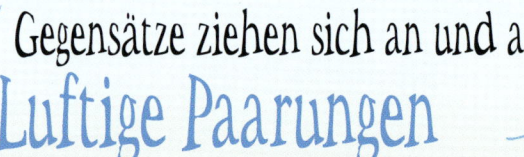

Gegensätze ziehen sich an und aus
Luftige Paarungen

Die Erde sorgt für Verwurzelung und Bodenständigkeit, die Luft steht unter anderem für unsere Möglichkeit, nach oben zu wachsen, dem Himmel entgegen. So wie es auch die Pflanzen und vor allem Bäume tun, die es in den freien Raum hinauszieht, den es zu entdecken gilt. Gesundes Wachstum ist nach unten verwurzelt und bewegt sich nach oben mutig und frei in die Luft hinein, eigentlich eine nützliche Symbiose aus den Elementen **Erde und Luft.** Ein Blick in die Natur kann uns weitere Hinweise liefern.

- *Verwurzelung in Mutter Erde und Wachstum in Vater Himmel können Yin und Yang zusammenbringen.*

- *Zu viel Verwurzelung macht unbeweglich, zu wenig gefährdet einen festen Standpunkt und die Bodenhaftung.*

- *Ohne Luft würden wir ersticken, und das Wachstum wäre augenblicklich zu Ende.*

- *Erdanziehung und Luft begleiten uns vom ersten bis zum letzten Atemzug, sie sind Elixiere unseres Lebens.*

Jungfrau & Zwillinge

Im Poesiealbum des Zwillings stehen Merkmale wie: *spontan, luftig, neugierig* oder auch *lebensbejahend*. Bei der Jungfrau dagegen: *vorsichtig, ängstlich* oder *analysierend*. Genau genommen werden beide Sternzeichen von Merkur/Hermes, dem Götterboten, regiert, was zu einer unterschwelligen Anziehung der beiden führt. Der Alltag ist meist eher zähflüssig wie ein Schweizer Käsefondue. Wer das mag, warum nicht ...

Chancen und Risiken: Beide neigen zur Launenhaftigkeit und zu schnellen Gemütsveränderungen. Dies macht die Beziehung von vornherein nicht einfacher, aber lohnenswert für alle, die es *gemeinsam* schaffen wollen, ein bewusstes Leben zu führen.

Chancen

1 2 3 4 5 6 7 8 9 10

Risiken

1 2 3 4 5 6 7 8 9 10

Jungfrau & Waage

Was dieser Paarung an Feuer fehlt, das kann sie durch zärtliches Miteinander locker ausgleichen, denn die Bandbreite von Impulsivität bis Dekadenz kann durch liebevolle Hingabe ersetzt werden. So erhält auch das emotionale Sparbrötchen (Jungfrau) einen geschmackvollen Aufstrich.

Voraussetzung: Die Waage muss in dieser Beziehung nicht zu viele Abstriche machen.

Chancen und Risiken: In dieser Paarung mit der harmoniebedürftigen und entscheidungslahmen Waage bietet die vorsichtige und manchmal steife Jungfrau viele Anlässe, warum es _nicht_ klappen könnte. Als Gleitmittel dieser Beziehung helfen wahre Liebe, gegenseitige Achtung und Tolerieren der „Fehler" des Partners. Dann läuft es wie geschmiert.

Chancen

1 2 3 4 5 6 7 8 9 10

Risiken

1 2 3 4 5 6 7 8 9 10

Jungfrau & Wassermann

Das wird spannend: Der Wassermann möchte lieber auf geistig-luftiger, die Jungfrau auf der geistig-körperlichen Ebene verkehren oder überhaupt nicht.

Das führt eher in die gegenseitige Hemmung statt Entfaltung der eigenen Persönlichkeit. Wer gerne Jägerschnitzel mit Pommes (Jungfrau) an exotischen und ausgefallenen Plätzen (Wassermann) isst, dem schmeckt diese Beziehung. Die anderen bekommen Magenschmerzen oder Durchfall.

Chancen und Risiken: Man kann das eigene Profil auch dadurch schärfen, indem man klar herausfindet, was man im Leben *nicht* braucht oder *nicht* will. Für diese Erfahrung ist diese Paarung hervorragend geeignet.

Chancen

| 1 | 2 | 3 | 4 | 5 | 6 | 7 | 8 | 9 | 10 |

Risiken

| 1 | 2 | 3 | 4 | 5 | 6 | 7 | 8 | 9 | 10 |

Nachspiel

Du meinst, dieses Liebesorakel ist vom Autor frei erfunden? Du findest die Beschreibung der Jungfrau weit übertrieben?

Einspruch, Euer Ehren! Fragen wir die Jungfrau selbst, wird sie alles abstreiten. Fragen wir jedoch ihre(n) Partner(in), so werden wir hören: „Ja, ganz genau, so ist meine Jungfrau!"

Diese Diskrepanz zwischen Eigen- und Fremdwahrnehmung erleben wir tagtäglich. Direkt darauf angesprochen, geht kaum einer in das amerikanische Spezialitätenrestaurant mit dem großen gelben „M", keiner hört am liebsten Volksmusik, und nur ganz wenige lesen die Tageszeitung mit den großen Buchstaben.

Dabei ist es doch so: „In der Blöße liegt die Größe!", im gemeinsamen Lachen miteinander und nicht im Bewerten, Verurteilen oder Abkanzeln hinter vorgehaltener Hand.

„Sind wir nicht alle ein bisschen Jungfrau?", der eine mehr, der andere weniger. Manche versuchen dies ein Leben lang zu unterdrücken oder zu verheimlichen. Doch wozu? Dieses Liebesorakel möchte dir Mut und Lebensfreude schenken, frei nach dem Motto:

„Lieber entspannt im Hier und Jetzt als verkrampft im Wenn und Aber!"